Philip und sein Fluß

Ein Bilderbuch, erzählt von Renate Welsh
und gemalt von Pieter Kunstreich

Otto Maier Verlag Ravensburg

Großvater und Philip gehen durch den Wald.
Philip trägt einen Korb. Großvater trägt einen Korb.
Philip hebt ein Schneckenhaus auf und legt es zu den Rindenstückchen, den winzigkleinen Lärchenzapfen, dem riesengroßen Föhrenzapfen und den schlanken Fichtenzapfen in den Korb.
Großvater klettert den Hang hinauf.
Dort leuchtet ein gelber Fleck.
Der gelbe Fleck ist kein Pfifferling und kein Butterpilz.
Der gelbe Fleck ist ein gelbes Blatt.
Sie kommen an eine Stelle, wo der Weg naß ist. Rechts führt ein Graben bergab. Farne wachsen hier und Butterblumen.

Philip stapft in den Schlamm. Der Schlamm quatscht laut. Schlamm quillt zwischen Philips Zehen in den Sandalen hoch.
Der Großvater tritt zum Wegrand. Unter den Farnen und Butterblumen rieselt es.
„Wollen wir die Quelle suchen?“ fragt der Großvater.
Sie steigen über große Steine und kleine Steine.
Sie steigen über eine umgefallene Tanne.
Sie steigen über einen kleinen Tümpel. Auf dem Tümpel laufen Wasserläufer. Sie laufen sehr schnell mit ihren dünnen Beinen.
Eine Brombeerranke kratzt Philip am Knöchel.
Ein spitzes Steinchen sticht seine Fußsohle.
Die Sonne brennt. Philip ist nicht mehr sicher, ob er noch zur Quelle will.
Aber der Großvater nimmt seine Hand, und sie steigen weiter.
Plötzlich stehen sie vor einer hohen Tanne.
Unter ihren Wurzeln sprudelt die Quelle aus den Steinen.
Großvater hält beide Hände in die Quelle.
Das Wasser funkelt zwischen seinen Fingern.
Philip legt sich auf den weichen Waldboden und läßt das Wasser in seinen Mund laufen.
Das Wasser ist sehr kalt. Es schmeckt gut.
Philip kommt mit dem Schlucken nicht nach.
Wasser rinnt ihm über das Gesicht.
Der Großvater lacht. Philip mag es, wenn der Großvater lacht. Er lacht ihn nicht aus. Er lacht einfach.
Philip lacht mit.
Weit unten im Tal beginnen Glocken zu läuten.
„Wir müssen heim“, sagt Großvater. „Mama wartet auf uns. Hoffentlich rechnet sie nicht damit, daß wir genügend Pilze zum Mittagessen heimbringen.“
Er zeigt auf die fünf Pfifferlinge und den einen Steinpilz in seinem Korb. „Davon werden wir nicht satt.“
Philip schnippt Quellwasser in die Luft.
Die Tropfen leuchten und glitzern.
Plötzlich schimmert ein Regenbogen in dem dünnen Wasserstrahl.
„Unsere Quelle“, sagt Philip. „Deine und meine. Weil wir sie gefunden haben.“

Philip und der Großvater folgen dem Bächlein bergab.
Ein Feuersalamander verschwindet blitzschnell zwischen den Wurzeln der Bäume.
Eine Bachstelze trippelt auf einem großen Stein.
„Zilip!“ ruft sie.
„Philip“, sagt der Großvater. „Philip heißt er.“
„Zilip!“ ruft die Bachstelze noch einmal und fliegt davon.
Philip hüpft über das Bächlein. Er hüpft hinüber und herüber. Der Bach sprudelt um die großen Steine. Er springt über die kleinen Steine.
Philip baut einen Damm. Nach kurzer Zeit ist da ein kleiner See aufgestaut.
Philip und der Großvater wandern weiter.
Der Bach ist breiter geworden.
Philip kann nicht mehr hinüberhüpfen.
„Woher hat der Bach jetzt so viel mehr Wasser?“ fragt er.
„Da sind andere Quellen dazugekommen“, sagt der Großvater. „Manche fließen unter der Erde durch. Und dort vorne, siehst du, kommt ein zweiter Bach zu unserem.“
Philip und der Großvater haben das Tal erreicht.
Ein hölzerner Steg führt über den Bach.
Philip und der Großvater setzen sich auf den Steg.
Der Großvater macht ein Rindenschiffchen mit Buchenblattsegel.

Philip macht auch ein Rindenschiffchen mit Buchenblattsegel.
Beide Schiffchen drehen sich im Kreis, bevor sie den Bach hinunterschwimmen.
Philip sieht einen winzigen Fisch im Wasser. Dann noch einen, und noch einen.
„Ein ganzer Fischkindergarten“, sagt er.
„Oder eine Fischschule“, sagt der Großvater.
Sie überlegen, was Fische in der Fischschule lernen müssen: schwimmen und tauchen und Fliegen fangen; unter Steinen verstecken, wenn ein Storch kommt oder ein Fischreiher oder ein großer Fisch oder ein Mensch mit einer Angel.
„Oder eine Katze“, sagt der Großvater. „Unser Hausmeister hatte einen schwarzweißen Kater, der setzte sich auf einen großen Stein im Bach und ließ seinen schwarzweißen Schwanz ins Wasser hängen. Nach einer Weile gewöhnten sich die Fische daran und schwammen neugierig näher. Dann fuhr der Kater blitzschnell mit der Pfote ins Wasser und holte den Fisch heraus.“
„Gar nicht wahr!“ sagt Philip. „Katzen sind wasserscheu.“
„Aber sie mögen Fisch“, sagt der Großvater. „Der Kater hat eben Fisch so sehr gemocht, daß er vergessen hat, wie wasserscheu er war.“
„Hast du's selbst gesehen?“ fragt Philip.
„Ja“, sagt der Großvater. „Als ich so alt war wie du jetzt.“

„Und hat der Kater den Fisch gefressen?“
„Tja, weißt du – das war damals eine schlechte Zeit und es gab nicht viel zu essen. Fischen in fremden Bächen war natürlich verboten. Aber der Kater konnte ja nicht lesen. Der Hausmeister ist auf der Lauer gelegen, und wenn der Kater einen Fisch in der Pfote hatte, kam der Hausmeister gelaufen und nahm ihm den Fisch weg. Dann briet der Hausmeister den Fisch, und der Kater bekam den Kopf und die Gräten.“
„Armer schwarzweißer Kater“, sagt Philip.
Philip und der Großvater sind wieder in der Stadt. Sie sitzen in der Küche.
„Weißt du, was ich jetzt möchte?“ fragt Philip.
Der Großvater beginnt zu raten: „Ein Käsebrot? Einen Mohrenkopf? Einen Apfel?“ Philip schüttelt den Kopf.
„Ich möchte sehen, ob der See noch da ist. Mein Stausee.“
Der Großvater breitet die Landkarte aus. Er zeigt Philip den Ort, wo sie neulich waren.
Er zeigt ihm die feine blaue Linie, wo der Bach beginnt. Er zeigt ihm den Fluß, in den der Bach mündet.
„Und hier“, sagt der Großvater, „hier sind wir.
Hast du Lust, zum Fluß zu gehen?“ Philip hat Lust.
Sie fahren ein Stück mit dem Autobus. Dann gehen sie durch eine enge Gasse.
Hinter einem Fenster liegt ein schwarzweißer Kater und sonnt sich.

„Ob der auch Fische fängt?“ will Philip wissen.
Der Großvater weiß es nicht.
Sie kommen zu einer Treppe, die zum Fluß hinunterführt.
Auf der untersten Stufe sitzt ein Mann mit einer Angel. Neben ihm steht ein Eimer. Der Eimer ist leer.
„Guten Tag“, sagt Philip. Der Mann brummt etwas.
„Angler wollen nicht gestört werden“, sagt der Großvater.
Sie gehen ein Stück flußaufwärts.
Eine Ente schwimmt daher. Hinter ihr schwimmen ihre Kinder.
Ein Entlein will ans Ufer. Die Mutter schubst es mit dem Schnabel ins Wasser zurück. Das Entlein will nicht hinter den Geschwistern herschwimmen. Immer wieder paddelt es zum Ufer. Immer wieder drängt die Mutter das Kleine ins Wasser zurück. Sie schnattert laut. Das Entlein antwortet piepsend.
Plötzlich tauchen alle Entlein gleichzeitig die Köpfe ins Wasser. Sieben kleine Entenbürzel ragen aus dem Fluß. Dann verschwindet die ganze Familie hinter der Biegung.
Ein Holzstück treibt auf dem Fluß, dreht sich um sich selbst, treibt weiter.
Philip nimmt einen Stein und versucht, das Holzstück zu treffen. Der Stein platscht weit von dem Holz entfernt ins Wasser.
„Warum sind hier keine Fische?“ fragt Philip.
„Die schwimmen tief unten“, sagt der Großvater.

Bevor sie heimgehen, nimmt der Großvater ein leeres Medizinfläschchen aus der Tasche. Dann kniet er nieder und füllt Wasser in das Fläschchen.
„Das wollen wir daheim ansehen", sagt er, „unter dem Mikroskop."
„Was kann man da sehen?" fragt Philip. „Wasser kenne ich doch!"
„Du wirst dich wundern", sagt der Großvater. Er macht ein geheimnisvolles Gesicht.
Zu Hause tut der Großvater einen Tropfen Flußwasser auf ein dünnes Glasplättchen. Er legt das Plättchen unter das Mikroskop.
Er schließt ein Auge und guckt in die Linse. Er dreht an der Schraube.
„Wir haben Glück!" sagt er zu Philip. „Komm, schau!"

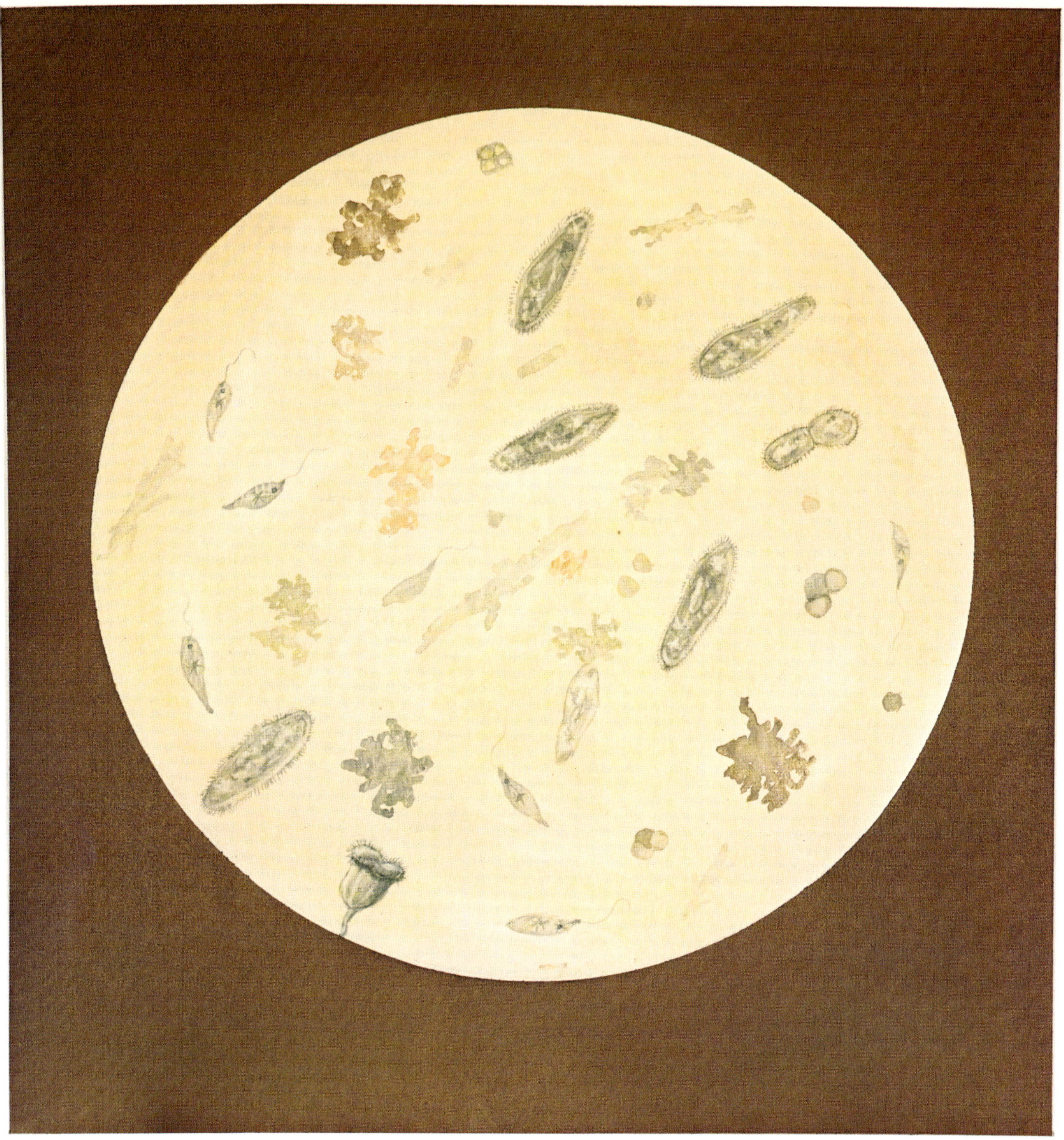

Zuerst sieht Philip gar nichts.
„Du mußt das andere Auge zumachen", sagt der Großvater.
Philip blinzelt. Er schafft es nicht, ein Auge zu schließen und das andere offenzuhalten. Der Großvater legt ihm die Hand aufs linke Auge. Mit dem rechten guckt Philip ins Mikroskop.
„Das gibt's doch gar nicht", sagt er. „Das kann doch nicht alles in unserem Wassertropfen sein!"
„Doch", sagt der Großvater.
Philip guckt wieder ins Mikroskop. „Das wuselt ja, das wuselt und wurlt."
„Rädertierchen, Pantoffeltierchen und wie die so heißen", sagt Großvater.

Zum Geburtstag schenkt der Großvater Philip eine Flußreise. Zeitig am Morgen gehen sie zur Anlegestelle. Der Großvater kauft zwei Karten, eine Kinderkarte und eine Seniorenkarte. „Wir sind beide nur halbe“, sagt er.
„Aber du bist die größere Hälfte“, sagt Philip.
Es ist noch kühl. Ein leichter Nebel liegt über dem Fluß.
„Wo bleibt das Schiff?“ fragt Philip. „Glaubst du, daß es noch kommt?“
„Sicher“, sagt der Großvater. Philip starrt angestrengt den Fluß hinauf.
Trotzdem ist er überrascht, als das Schiff auftaucht. Es fährt sehr schnell.
Einen Augenblick lang hat Philip Angst, das Schiff könnte die Anlegestelle rammen. Aber da ändert sich das Geräusch der Motoren. Das Schiff steht still.
Ein Matrose springt ans Ufer. Er legt ein dickes Tau um den Poller.
Eine Rampe wird ausgefahren. Philip hält Großvaters Hand fest.
Ein Mann in Uniform knipst die Karten. Philip und der Großvater gehen über die Rampe auf das Schiff. Philip schnuppert. Es riecht ein bißchen nach frischem Lack und ein bißchen nach Öl und ein bißchen nach Kaffee und ein bißchen nach Rauch und ein bißchen nach Wasser.
Philip ist nicht ganz sicher, ob es nicht eigentlich stinkt.
Aber es stinkt nach Schiff, denkt er, und Schiffe mag ich.
Sie steigen eine enge Treppe hinauf. Andere Leute kommen nach, die auch hinauf wollen. Oben gibt es einen großen Speisesaal. Die Tische und Stühle sind auf dem Boden festgeschraubt. An beiden Seiten gehen Türen auf das

Deck. Philip läuft vor, so weit er kann. Ganz vorn ist eine Kette. Philip sieht zu, wie das Schiff ablegt.
Das Tau klatscht ins Wasser, dann zieht es ein Matrose herauf und rollt es auf etwas, das wie eine riesengroße Zwirnspule aussieht.
An der Reling hängen Rettungsringe. Die sind rot und weiß.
Philip rennt zu den Rettungsbooten.
Philip rennt zu einem dicken weißen Rohr. Er stellt sich auf die Zehenspitzen und guckt hinein. Er sieht nichts. Er beugt sich über das Rohr und ruft hinein: „Hallo!“ Da dröhnt es von unten herauf, so laut, daß Philip zurückspringen muß.
„Da unten ist der Maschinenraum“, sagt der Großvater. „Das Rohr ist zur Entlüftung da.“
Sie gehen zum Heck des Schiffes und schauen hinunter ins Wasser. Es ist ein komisches Gefühl, wenn man in das Gebrodel und in den Schaum blickt, den das Schiff wie eine Schleppe hinter sich herzieht.
Der Großvater packt Philip am Hosenbund und hält ihn fest.
Etwas später fragt Philip: „Warum hast du mich gehalten?“
Der Großvater lacht. „Das weißt du ganz genau.“
Sie wandern wieder nach vorn.
„Was ist das für ein Häuschen dort oben?“ fragt Philip.
„Das ist die Kommandobrücke.“
„Komische Brücke“, sagt Philip.

Philip zeigt auf einen Bach, der in den Fluß mündet.
„Schau, wie lustig! Lauter Schaum – wie in der Badewanne."
Der Großvater schüttelt den Kopf. „Das ist leider gar nicht lustig. Da kommt eine Menge Waschpulver aus den Hauskanälen und dazu die Abwässer aus den Fabriken, die verschmutzen den Fluß."
„Wie der Dreck, den die Leute ins Wasser schmeißen? Plastiktüten und Autoreifen?"
„Noch schlimmer", sagt der Großvater. „Autoreifen und Plastiktüten sehen häßlich aus. Sie tun Böses, aber der Schaum da, der bringt den Fluß um."
„Umbringen?" fragt Philip. „Aber dann ist er ja tot?"
„Leider ja", sagt der Großvater. „Siehst du den roten Tümpel dort? Das Rote sind Algen. Eine Algenart, die nur wächst, wenn der Fluß schon fast tot ist. Diese Algen sind wie das rote Licht bei einem Bahnübergang. Sie sagen: Achtung! Lebensgefahr!
Weißt du, der Fluß kann sich selbst reinigen. Wenn Schmutz hineinkommt oder Fische sterben oder Abwässer hineinfließen, kann der Fluß damit fertig werden. Aber wenn es zuviel wird, dann packt er es einfach nicht mehr. Das ist, als würde er ersticken."
„Und Waschpulver und Seife sind besonders gefährlich?" fragt Philip. „Ja".
Philip nickt. Er nickt mehrmals.
„Waschen kannst du dich trotzdem", sagt der Großvater.

Philip guckt ihn von der Seite an. „Woher weiß du, was ich gerade gedacht habe? — Komisch ist das schon", sagt er. „Seife ist Dreck für den Fluß. Wir werden sauber, und der Fluß wird dreckig."
Der Großvater zeigt auf eine Mauer am Ufer. Sie ist über und über mit grünen, glitschigen Algen bewachsen.
Plötzlich sehen sie einen Fisch dahertreiben, mit dem Bauch nach oben. Der Fischbauch ist dick und silbern. Philip will sich wegdrehen, er will die Augen schließen, aber er muß dem Fisch nachsehen, bis eine Welle ihn davonspült.
Am Flußufer führt ein gepflasterter Weg entlang.
„Da sind früher große, starke Pferde gegangen, die haben die Schiffe flußaufwärts gezogen, gegen den Flußlauf", erklärt der Großvater.
„Puh", macht Philip. „Ganz schön schwer."
Links und rechts tauchen am Ufer hohe Häuser auf.
„Das sind Lagerhäuser", sagt der Großvater. „Wir kommen bald zum Hafen. Wenn wir Glück haben, sehen wir ein paar große Schiffe."
Sie malen sich aus, wohin sie fahren wollen. Philip möchte die Eisbären am Nordpol besuchen. Der Großvater hat Lust auf frisch gepflückte Bananen und möchte nach Afrika. Philip läßt sein Schokoladeneispapier davonfliegen.
Der Großvater sieht ihn an. Er sagt nichts.
„Das ist doch kein Waschpulver", sagt Philip.

Es ist Herbst geworden.
Philip und der Großvater gehen wieder ihren Weg zum Fluß.
Der Angler sitzt auch heute da. Er hat eine dicke Mütze auf.
Der Großvater hebt einen kleinen, flachen Stein auf und wirft ihn aufs Wasser.
Der Stein berührt die Wasseroberfläche, springt wieder hoch, landet auf einer Welle, springt wieder hoch. Viermal.
Philip versucht es auch. Sein Stein platscht ins Wasser.
Der Großvater zeigt Philip, wie er den Stein werfen muß. Sie sammeln einen Vorrat flacher Steine. Dann üben sie. Zuletzt schafft es Philip, einen Stein viermal hochspringen zu lassen.
Der Wind weht bunte Blätter ins Wasser.
Die Enten sind auch wieder da.
Ein Schleppkahn tuckert langsam flußaufwärts. Auf dem Verdeck flattert Wäsche an einer Leine. Die ist zwischen Schornstein und Reling gespannt.
Ein Mann tritt aus der kleinen Tür. Philip winkt, und der Mann winkt zurück.
Ein Entenkind steigt aus dem Wasser und watschelt am Ufer entlang.
Dann platscht es wieder in den Fluß. „Bauchfleck!" ruft Philip.
„Ich werde überhaupt nicht Auto fahren, wenn ich groß bin", sagt Philip.
„Nur Schiff oder Eisenbahn. Vielleicht werde ich überhaupt Kapitän!"

Sie gehen ein Stück flußaufwärts. Der Wind bläst ihnen ins Gesicht.
In der Flußbiegung liegt ein Boot vor Anker.
Auf dem Boot steht ein weißer Hund und bellt ihnen entgegen.
Seine Schnauze ist spitz, und seine Zunge ist dunkelrot.
Philip wirft einen schönen, flachen Stein ins Wasser. Der Stein springt zweimal. Der Hund springt dem Stein nach. Der Stein ist längst untergegangen. Der Hund schwimmt ein Stück hinaus, dann kommt er ans Ufer.
Er schüttelt seinen langen, weißen Pelz. Philip wird ziemlich naß.
Der Hund springt schwanzwedelnd um ihn herum.
Philip hüpft auf und ab, um die Tropfen abzuschütteln.
Der Großvater findet einen Stock und wirft ihn auf den Uferweg.
Der Hund rennt und bringt den Stock zurück. Er bellt und japst und springt und wedelt. Dann wirft Philip den Stock.
Als die Wolken sich rot im Wasser spiegeln, kommt ein Mann daher.
„Ich hoffe, der Hund war Ihnen nicht lästig", sagt er.
Der Großvater lacht. „Wir haben Spaß gehabt mit ihm."
Der Mann ist ein Schiffer. „Einer der letzten hier", sagt er.
„Es lohnt sich eigentlich nicht mehr. Ich fahre Ziegel."
„Wohnen Sie immer auf dem Schiff?" fragt Philip.
„Ja", sagt der Mann. „Wie mein Vater vor mir."
Philip würde ihn am liebsten fragen, ob er auf das Schiff gehen darf.

Auf allen Torpfosten liegen dicke Schneehauben.
Von den Straßenlaternen hängen Eiszapfen.
Philip trägt einen Sack mit hartem Brot. Als sie die Treppe hinuntergehen, wirft er ein Stück Brot in die Luft.
Sofort kommen von überall her die Möwen. Sie kreischen und schlagen wild mit den Flügeln. Sie streiten um das Brot.
Philip ist ein bißchen mulmig zumute. Er wirft das Brot weit hinaus.
Etwas hebt er für die Enten auf.
Die Möwen merken, daß sie nichts mehr bekommen und fliegen davon.
Einige lassen sich weit draußen auf dem Wasser nieder.
Am Ufer ist das Wasser fest zugefroren. Der Großvater probiert mit der Stiefelspitze. Das Eis knackt nicht einmal. Philip möchte gern schlittern, aber der Großvater meint, das wäre doch zu gefährlich.
Zwei Schwäne kommen hintereinander heranspaziert. Sie rutschen bei jedem Schritt aus. Nach jedem Ausrutschen heben sie die Köpfe und öffnen die Schnäbel und zischen. Sie schlittern sehr würdevoll über das Eis.
Philip und der Großvater lachen laut. Die Schwäne recken die Hälse und fauchen.
Am Ufer liegt angeschwemmtes Treibholz in seltsamen Formen.
Philip sammelt die schönsten Stücke.
Bald sind die Finger klamm. Der Wind bläst immer schärfer.

Philip und der Großvater gehen nach Hause. Als sie die Wohnungstür öffnen, schlägt ihnen die Wärme entgegen. Das tut gut.
Sie trinken Tee. „Nächstes Jahr", sagt Philip, „fahren wir den Fluß hinunter, immer weiter, bis ans Meer."
„Vielleicht", sagt der Großvater.
„Dann übernächstes. Oder über-übernächstes."
Der Großvater wiegt den Kopf hin und her.
„Vielleicht fährst du später einmal."
Philip hat Angst, der Großvater könnte davon zu reden anfangen, daß sie nicht immer alles miteinander tun werden. Wie damals, als er sagte: „Ein bißchen von mir wird immer bei dir sein." Dabei hat er ganz traurige Augen gehabt. Philip kuschelt sich an den Großvater.
Dann breiten sie die Landkarte aus, und Großvater zeigt den Weg des Flusses bis zum Meer. Er erzählt, wie der Fluß immer breiter wird.
Er läßt Philip die vielen Flüsse zählen, die in diesen Fluß münden.
„Und trotzdem ist es immer derselbe Fluß?" fragt Philip.
„Ja, aber nicht nur", sagt der Großvater. „Es ist deiner und es sind alle die anderen, die hineingeflossen sind und noch etwas mehr."
„Das verstehe ich nicht", sagt Philip.
„Das macht nichts. Aber es ist trotzdem so: es ist derselbe Fluß und gleichzeitig doch wieder ein anderer, weil etwas von jeder Quelle mit darin ist. Und alle zusammen münden ins Meer."
„Und das ist dann auch dasselbe, oder wieder anders?"
„Mehr anders", sagt der Großvater. „Weil das große Meer mit seinem salzigen Wasser sie aufnimmt und weil alle Flüsse darin münden."
„Münden ist ein komisches Wort", sagt Philip. „Klingt wie Münder. Lauter Münder, die saufen, ein ganzes Meer voll saufen."
„Eigentlich wären die Saufmünder die Wolken", lacht Großvater, „weißt du, die saufen sich mit Wasser voll, und dann lassen sie es regnen und füllen die Quellen und dann fließen wieder Flüsse ins Meer."
Philip denkt nach. Er fährt mit dem Finger die blaue Flußlinie entlang.
„Weißt du was?" sagt Philip nach einer Weile.

SIDNEY EXPRESS

„Ich möchte gern wissen, wie unsere Quelle jetzt aussieht.
Es ist doch unsere, oder?“
„Natürlich“, sagt der Großvater. „Weil wir beide sie sehr mögen.“

1. Auflage Redaktion: Gisela Stottele Printed in Germany ISBN 3-473-33802-8